ANALIZA KSIĄŻKI

AF137662

Czerwony
i Czarny

· · · · · · · · · · · · · · · · ·

Stendhal

ANALIZA KSIĄŻKI

Napisany przez Vincent Jooris
Przetłumaczony przez Kâmil Kowalski

Czerwony
i Czarny

STENDHAL

STENDHAL

FRANCUSKI PISARZ I KRYTYK SZTUKI

- **Urodzony w 1783 roku w Grenoble**
- **Zmarł w 1842 roku w Paryżu**
- **Godne uwagi prace:**
    - *Vanina Vanina* (1829), opowiadanie
    - *Czerwone i czarne* (1830), powieść
    - *Domek letniskowy w Parmie* (1839), powieść

Stendhal, którego prawdziwe nazwisko brzmiało Henri Beyle, urodził się w Grenoble w 1783 roku w rodzinie mieszczańskiej. W Paryżu, za czasów Dyrektoriatu, był niewzruszony debatami, które wyostrzyły jego krytycznego ducha. Odkrył Włochy i Niemcy podczas kampanii wojskowych w ramach armii Bonapartego. Po 1815 roku został krytykiem sztuki w Mediolanie i pisał dzieła turystyczne, które podpisywał pseudonimem. Od 1830 roku Louis-Philippe mianował go konsulem francuskim w Trieście, a następnie w Civitavecchia. Tu ukończył swoje najsłynniejsze powieści (*Czerwone i czarne* (1830), *Domek letniskowy w Parmie* (1839)) oraz autobiografię (*Życie Henryka Brularda* (1835-1836)). Udar mózgu sprawił, że w 1841 roku wrócił do Paryża. Zmarł w następnym roku, pozostawiając kilka niekompletnych rękopisów.

CZERWONY I CZARNY

NIEZWYKŁE LOSY JULIENA SORELA

- **Gatunek:** powieść

- **Wydanie referencyjne:** Stendhal (2004) *Czerwone i czarne.* Trans. Raffel, B. New York: Modern Library Classics.

- **Pierwsze wydanie:** 1830

- **Tematyka:** miłość, ambicja, inicjacja, rozczarowanie, cudzołóstwo, młodość, klasy społeczne

The Red and the Black został opublikowany w listopadzie 1830 roku, ale nie zyskał wówczas takiego powodzenia, jakie ma dzisiaj.

Historia rozgrywa się w latach 1826-1830 i opowiada głównie o romantycznym związku Juliena Sorela, młodego seminarzysty i Madame de Rênal, starszej pani, której mąż jej nie rozumie.

Tytuł książki był przedmiotem wielu różnych interpretacji. Dla niektórych symbolizuje mundur wojskowy (o którego noszeniu marzył Julien) i sutannę księdza (Julien ostatecznie poświęca się karierze kościelnej). Inni widzą w czerni hipokryzję, podczas gdy Julien woli czerwień poświęcenia. Jeszcze inni wiążą tytuł z kolorami używanymi w grach losowych (takich jak ruletka czy karty) lub partiach politycznych.

STRESZCZENIE

CZĘŚĆ PIERWSZA

Rozdziały 1-7

Verrières to mała, wymyślona wioska w Franche-Comté. Julien Sorel jest trzecim urodzonym synem stolarza. Ponieważ pragnienie dziecka do nauki wywołuje pogardę ojca, ojciec Chélan bierze go pod swoje skrzydła: Julien recytuje z nim Nowy Testament, cały czas będąc skrycie zafascynowanym życiem Napoleona Bonaparte.

Za namową księdza, Monsieur de Rênal zatrudnia Sorela jako korepetytora swoich dzieci. Młody, nieśmiały mężczyzna trafia więc do świata mieszczańskiego na prowincji. Madame de Rênal okazuje mu niewinne zainteresowanie.

Rozdziały 8-17

Kiedy Elisa, służąca de Rênalów, otrzymuje spadek, zamierza wyjść za Juliena, ale ten odmawia. Madame de Rênal z ulgą odkrywa swoje uczucia do guwernera.

W zamku rodziny Vergy, Julien zaczyna uwodzić Madame de Rênal. Postępuje powoli, aż w końcu, mimo swojej niezdarności, udaje mu się dostać do jej sypialni. Madame de Rênal waha się między poczuciem winy a okazywaniem uczuć. Co do Juliena, jego wyrachowany chłód w końcu ustępuje miejsca prawdziwym uczuciom.

Rozdziały 18-23

Do Verrières przybywa bezimienny król. Dzięki Madame de Rênal, Julien pełni z tej okazji rolę uroczystej straży, co wzbudza podejrzenia. Sorel obserwuje uroczystą procesję biskupa Agde, która ożywia jego kościelne ambicje.

Najmłodszy syn de Rênalów choruje, co budzi w matce poczucie winy. Pojawiają się plotki o jej związku, a Monsieur de Rênal otrzymuje anonimowy list z ostrzeżeniem. Za pomocą fałszywego listu kobiecie udaje się prowizorycznie rozwiać wątpliwości męża.

Julien jada obiad w domu Valenodów. Rodzina Valenodów rywalizuje z de Rênals o kontrolę nad Verrières.

Ostrzeżony o cudzołóstwie Juliena przez Elisę, ojciec Chélan żąda, by opuścił on Verrières i udał się do seminarium w Besançon. Julien zgadza się na wyjazd, ale obiecuje Madame de Rênal, że będzie wracał do niej regularnie.

Rozdziały 24-28

W gospodzie w Besançon, Julien poznaje Amandę Binet. W seminarium ojciec Pirard sprawdza Juliena długą rozmową, podczas której Sorel mdleje. Młody człowiek staje się celem zazdrosnych kolegów z klasy. Ojciec Frilair przyłapuje go na egzaminach.

Rozdziały 29-30

Za radą ojca Pirarda markiz de La Mole zatrudnia Juliena jako swojego sekretarza. Pewnej nocy młodzieniec wraca do

Verrières, by ponownie zobaczyć się z Madame de Rênal. Ona go ukrywa, ale następnej nocy musi uciekać, ścigany strzałami z pistoletu przez Monsieur de Rênal.

CZĘŚĆ DRUGA

Rozdziały 1-6

Julien udaje się do domu markiza de la Mole w Paryżu. Córka markiza, Matylda, bardzo irytuje Sorela. Nieporozumienie prowadzi do tego, że Julien wyzywa rycerza na pojedynek, a ten, chcąc chronić swój honor, doprowadza Juliena do przekonania, że jest biologicznym synem markiza.

Rozdziały 7-20

Monsieur Valenod zostaje nowym burmistrzem Verrières. Markiz de la Mole, który jest już bardzo uprzejmy, staje się jeszcze bardziej przyjazny dla Juliena. Matylda, zaręczona z markizem de Croisenois (jednym z jej wielu zalotników), wyobraża sobie nudne życie, które ją czeka.

W hotelu Retz odbywa się bal. Mathilde zwraca uwagę na polityczne wypowiedzi Juliena, doceniając jego oryginalność. Dwoje młodych ludzi prowadzi wiele dyskusji. Julien daje jej wgląd w swoje rewolucyjne przekonania. Mathilde zakochuje się w młodzieńcu, ale on jej nie ufa. Mathilde pisze do niego, aby umówić się na spotkanie. On jest niezdecydowany, ale idzie i ona go przekonuje. Wydaje się, że jest to bardziej zaplanowana miłość niż namiętna. Para na przemian kłóci się i godzi, jest szczęśliwa i rozczarowana.

Rozdziały 21-28

Markiz de la Mole zleca Julienowi misję; ma być sekretarzem podczas spotkania arystokratycznych spiskowców rojalistycznych, a następnie wysłać raport do Strasburga. Po przybyciu do Strasburga słucha romantycznych rad księcia Korasoffa. Po powrocie do Paryża Sorel wabi i rozmawia z wybraną przez siebie "zdobyczą": Marechale of Fervaques. Przepisuje listy miłosne, które Korasoff dał mu jako przykłady. Podczas kolacji w domu Marechale de Fervaques, Julien wpada na Mathilde, o której prawie zapomniał. Widząc go zalecającego się do Marechale, Mathilde zakochuje się w nim po raz kolejny.

Rozdziały 29-34

Mathilde spotyka się z Julienem. Kiedy dowiaduje się o jego małej grze w pisanie listów z Marechale de Fervaques, jest zirytowana, a następnie żałuje, że Julien cierpi z rąk jej dumy. Sorel zachowuje zimną krew, a następnie ponownie zdobywa Mathilde.

Mathilde mówi ojcu, że jest w ciąży; markiz jest wściekły i Julien ucieka. W końcu markiz de la Mole postanawia wziąć sprawy w swoje ręce; nobilituje Sorela i przyznaje mu stanowisko porucznika huzarów. Młody człowiek świętuje, ale markiz wciąż unika poruszenia kwestii małżeństwa.

Rozdział 35

Spowiednik Madame de Rênal zachęca ją do wysłania listu do markiza, w którym potępia niemoralne pragnienia Juliena.

Wszelkie możliwości małżeństwa między nim a Matyldą zostają więc przekreślone. W przypływie wściekłości Sorel pędzi do Verrières. W trakcie mszy strzela dwukrotnie do Madame de Rênal i zostaje aresztowany.

Rozdziały 36-45

Podczas uwięzienia w Besançon dowiaduje się, że Madame de Rênal przeżyła. Paradoksalnie Julien, słysząc to, kocha ją jeszcze bardziej i żałuje, że próbował ją zabić.

Zastanawia się też nad przyszłością Matyldy i jego dziecka; każe jej wyjść za Croisenois. Matylda próbuje go ratować różnymi sposobami; przede wszystkim udaje się do księdza Frilaira, który zapewnia ją, że może wpłynąć na ławę przysięgłych i prokuratorów; w zamian chce zostać biskupem. Ojciec Chélan i Fouqué odwiedzają Juliena, ale ten odmawia widzenia się z ojcem. Madame de Rênal pisze również do ławników, prosząc o pobłażliwość.

Julien nie jest już ambitny. Zaniedbuje obronę, a jego zarzut jest tylko oskarżeniem klasy mieszczańskiej. Sąd skazuje go na śmierć.

Mathilde chce, żeby się odwołał, ale on odmawia; kiedy Madame de Rênal prosi go o to, zgadza się. Mathilde jest przygnębiona. Sorel zgadza się w końcu na spotkanie z ojcem. Julien odmawia Madame de Rênal, która prosi króla o ułaskawienie. Stanowczo stawia czoła śmierci i zostaje stracony.

Mathilde zakopuje głowę Juliena. Madame de Rênal umiera trzy dni później.

STUDIUM POSTACI

JULIEN SOREL

Na początku powieści Julien ma 19 lat, a pod koniec, w 1830 roku, ma 23 lata. Jest pozbawiony matki, ma ojca, który nim gardzi i jest kozłem ofiarnym swoich braci. Jest młodym człowiekiem, chętnym do nauki, mieszkającym z rodziną, która go nie rozumie i której nienawidzi. Jest nieufny, wszędzie widzi kpiny i dokuczanie: "był nieszczęśliwym człowiekiem w stanie wojny z całym społeczeństwem" (część 2, rozdział 13).

Jego wygląd fizyczny sprawia wrażenie młodzieńczej kruchości, mimo trzeźwego spojrzenia: "ku swej głębokiej radości widziała w tym fatalnym korepetytorze nieśmiałe usposobienie młodej dziewczyny, choć ze względu na dzieci obawiała się jego surowości" (część 1, rozdział 6).

W tym nieprzyjaznym świecie Julien odpowiada hipokryzją. Jednak mimo noszonej maski, nie może ciągle ukrywać swojej prawdziwej osobowości. To sprawia, że rozmówcy czują się nieco nieswojo, gdyż wyraźnie widzą jego pogardę dla wulgarności i ambicję: "Widzę w tobie coś, co obraża grubą duszę. Zazdrość i oszczerstwa będą cię ścigać. Gdzie Opatrzność cię umieści, twoi koledzy nigdy cię nie zobaczą bez nienawiści" (część 1, rozdział 29).

Narrator często używa wyrażenia "nasz bohater", aby go opisać, i interweniuje, aby argumentować swoją sprawę lub po prostu wyrazić swoją opinię. Narrator wygłasza tu i ówdzie swoje prywatne myśli, takie jak "what pity for our country bumpkin" (część 1, rozdział 24).

Ponadto narrator podtrzymuje zmowę między czytelnikiem a Sorelem, ujawniając wewnętrzne myśli tego ostatniego. Monologi te szczególnie pasują do samotnego bohatera, który ukrywa wszystko, zarówno swoje intencje, jak i wrażliwość. Dzięki temu samemu procesowi narrator zauważa również rosnącą miłość Madame de Rênal, zanim jeszcze sama była jej świadoma, i przepisuje namiętne zwroty akcji Mathilde.

MADAME DE RÊNAL

Religijne wychowanie i małżeństwo w wieku 16 lat sprawiły, że ominęło ją wiele życiowych doświadczeń. Emocjonalna, naiwna i skryta, nie zdaje sobie sprawy, że jest znudzona swoim mężem. Dlatego edukacja trójki dzieci jest dla niej głównym priorytetem.

> *"Była to wysoka, dobrze zbudowana kobieta, która była miejscową pięknością, jak to określają ludzie w tych górach. Była w niej wyraźna prostolinijność, a w jej chodzie młodzieńcza sprężystość: rzeczywiście, dla oczu paryżanina taki nieskażony urok, równie niewinny, co żywy, mógł nawet wydawać się sugestią słodkiej zmysłowości… Nigdy w życiu nie była kuszona ani do flirtu, ani do żadnego sposobu afektowanego zachowania" (część, 1, rozdział 3).*

W części drugiej Julien często kłóci się z Mathilde. Madame de Rênal gra kobietę, która go pociesza i wybacza.

MATHILDE

O ile pierwsza część powieści skupia się na relacji Juliena i Madame de Rênal, o tyle w części drugiej do akcji wkracza Mathilde de la Mole. Jest ona arogancka i z sarkazmem patrzy na zachowanie tych, którzy jej nie odpowiadają. Podczas rozważań nad jej zalotnikami widzimy, że: "nie sądziła, że tacy ludzie zostali stworzeni, by ją zrozumieć; gdyby chodziło o kupno powozu, albo kawałka majątku, skonsultowałaby się z nimi" (część 2, rozdział 14).

Energiczna i wymagająca postać, podziwia bohaterstwo i działanie, co powoduje, że zakochuje się w Julien'ie. Sorel początkowo nie jest nią zainteresowany ze względu na jej hipokryzję i arogancję.

> *"Julien uważał, że Mademoiselle de La Mole posiadła przebiegłą naturę Machiavellego. Pozowanie na taką niegodziwość było w jej oczach całkiem urocze – prawie jedyny urok moralny, jakim się cieszyła. Znudzenie, wywołane hipokryzją i całą jego cnotliwą gadaniną, rzucało go do tak nieumiarkowanych sądów. To jego wyobraźnia podniecała, zamiast dać się porwać miłości"* (część 2, rozdział 12).

> *"Nauczyłem się kochać tego dumnego potwora"* (część 2, rozdział 35).

Okazuje się, że jest ona żeńskim sobowtórem Juliena. Widzą siebie nawzajem jako równych sobie lub jako rywali, co tłumaczy ich ruch między przyciąganiem i odpychaniem oraz ich sprzeczne zachowania. Z drugiej strony, kiedy zostaje uwięziony, postawa Matyldy wywołuje u Juliena pogardę.

POSTACIE DRUGOPLANOWE

- Ojciec Juliena, brutalny i skąpiec, stolarz;

- Monsieur de Rênal, próżny burmistrz Verrières;

- Dzieci Rênalów, jedyne istoty ludzkie, którym Julien okaże swoją czułość;

- Markiz de La Mole. Choć Julien uważał, że jest lekceważony, okazuje się bardziej opiekuńczy i przyjazny niż Monsieur de Rênal;

- Postacie uzupełniające: Elisa, Amanda Binet, Fouqué i Madame Derville. Nadają one psychologiczną głębię dwóm głównym bohaterom;

- Politycy z Verrières: Moirod, Cholin i przede wszystkim rywale de Rênalsów, Valenodowie;

- Arystokraci;

- Członkowie duchowieństwa.

ANALIZA

REALIZM SUBIEKTYWNY

Realizm to nurt literacki i artystyczny, który rozpoczął się w połowie 19th wieku. Pisarze realistyczni starali się jak najlepiej opisać rzeczywistość. Balzac, wybitny autor realistyczny, przedstawiał środowisko społeczne, w którym rozwijali się jego bohaterowie, tak skrupulatnie i obiektywnie, jak to tylko możliwe.

Stendhal, mimo że pisał na początku wieku, przyjął podejście realistyczne i namalował dokładny obraz kontekstu społecznego. Inspirację do swojej fabuły czerpał również z toczących się wówczas spraw sądowych, co również jest metodą realistyczną. Zarówno sprawa Antoine'a Bertheta (*La Gazette des tribunaux,* grudzień 1827), jak i Adriena Lafargue'a (1829), którzy obaj zamordowali swoje kochanki, posłużyły jako materiał wyjściowy do jego opowieści.

Od realistów odróżnia go jednak fakt, że w jego opowiadaniach rzeczywistość widziana jest tylko oczami bohaterów. Rzeczywiście, w *Czerwonym i czarnym* czytelnik widzi świat tylko oczami Juliena i wie tylko to, co on zachowuje.

Ponadto, podobnie jak Montesquieu (w *Listach perskich)* i Voltaire (w *Huronie*), Stendhal wrzuca swojego bohatera w społeczeństwo, w którym czuje się on jak outsider: naiwność, przez którą Julien postrzega zakłady, staje się z kolei satyrą na społeczeństwo. Stendhal przyjmuje zatem podejście realizmu krytycznego.

W rzeczywistości ta "kronika 19th wieku" (podtytuł powieści) przedstawia społeczeństwo restytucyjne, w którym ludzie ścierali się i rządzili:

- Mieszczaństwo (symbolizowane przez Verrières), bogate i reakcyjne.

- Duchowieństwo (Besançon), którego wtrącanie się nie zna granic.

- Arystokracja (Paryż), pełna własnych przywilejów.

Jednak nowe pokolenie, które dorastało w czasie wojen napoleońskich i widziało powrót Burbonów, również pragnęło chwały, ambicji i władzy. Ale perspektywa szybkiego awansu nie istniała w tym gerontokratycznym społeczeństwie, które odrzucało nowe pomysły. Dlatego Julien reprezentuje doświadczenia większości francuskiej młodzieży w tym czasie. ‚Prawda, gorzka prawda' to cytat Dantona, który jest użyty jako epigramat do pierwszej części powieści i podsumowuje to, co pisze Stendhal. Chce on pokazać realia epoki, w której młodzi ludzie musieli wybierać między armią a religią i nie mogli podążać inną drogą.

AMBICJE JULIENA

Julien Sorel chce uciec od swojego obecnego statusu i marzy o wspinaniu się po drabinie społecznej. Nie ma żadnych koneksji i dlatego do pomocy ma tylko swoją inteligencję. Sorel zwraca się jednak do dwóch osób, które inspirują jego czyny:

- Napoleon. Julien czyta *Mémorial de Sainte-Hélène* autorstwa Las Cases i przechowuje portret cesarza. Napoleon jest dla niego wzorem sukcesu: był stosunkowo biednym młodzieńcem, ale był zuchwały i z własnej woli piął się po szczeblach kariery społecznej. Stendhal, podobnie jak jego bohater, Julien Sorel, był bonapartystą; do Napoleona odwołuje się także w *Domu schadzek w Parmie*.

- Tartuffe. Bohater Moliera jest udawanym wielbicielem; jego udawana skromność skrywa zaciętą ambicję.

Aby wspiąć się na szczyt, młody człowiek przyjmuje plan oparty na hipokryzji: nigdy nie ujawnia swoich prawdziwych uczuć, a już na pewno nie swoich intencji, a rzeczy, które robi, nie odpowiadają jego myślom. Patrzy na świat cynicznymi oczami. W pewnym sensie działa to jako uzasadniona obrona.

Co więcej, kariera kościelna wydaje mu się dobrym sposobem na awans w hierarchii społecznej. Zostając guwernerem u de Rênalsów, dostaje się w progi prowincjonalnego mieszczaństwa. Następnie, pracując dla markiza, przenika do arystokracji. Ale w tajemnicy nie może się powstrzymać od przeklinania swojego nowego otoczenia, które reprezentuje wysokie sfery, z których on sam jest wykluczony. Wychodząc z kolacji u Valenodów, po krótkiej i suchej rozmowie, przeklina: "Ach, szumowiny! Scum!" (część 1, rozdział 22).

W jego ambitnym planie ważne są również kobiece podboje. Julien postrzega uwodzenie jak bitwę wojskową, używając tej samej terminologii do opisu obu tych czynności. Na początku nie pozostawia miejsca na uczucia. Po spędzeniu nocy z kochanką jedyną przyjemność, jaką odczuwa, jest wypełnienie misji. Uczucia mogłyby stępić jego pasję i odciągnąć go od celu, więc odmawia okazywania uczuć. Co więcej, to Julien tworzy te zasady dla siebie, ale wyjaśnia, że choć czuje potrzebę ich tworzenia, to dlatego, że z natury nie jest hipokrytą.

BŁĘDY JULIENA

Choć teoretycznie cel Juliena wydaje się dobrze zaplanowany, rzeczywistość okazuje się zupełnie inna od jego oczekiwań. Rozpoczyna coś, czego nie może zatrzymać, a wypadki następują jeden po drugim, błąd po błędzie.

- Naiwność: w trakcie opowiadania Julien okazuje się bardziej naiwny niż chciał. Ku swojemu zdumieniu młody, nieśmiały mężczyzna odkrywa brzydkie wydarzenia skrywane i przemilczane przez grupy społeczne, z którymi się związał. Niewinnie korzysta z listu z radami udzielonymi mu przez księcia Korassoffa na temat sztuki uwodzenia.

- Nieporozumienia. W opowieści pojawia się wiele pomyłek (jak np. pojedynek). Te wpadki są często kłopotliwe dla Juliena i odciągają go od początkowej logiki.

- Sympatia. Po przybyciu do domu markiza, Julien spodziewa się zobaczyć jeszcze więcej arogancji i pretensjonalności jak w domu Monsieur de Rênal. Myśli, że ma do czynienia z klasą wroga. Jednak względy markiza de la Mole powodują pęknięcie w pewnikach Juliena, co zagraża jego postanowieniu.

- Emocje. Julien nie jest Don Juanem i chcąc grać uwodziciela, daje się złapać we własne sidła. Duma z posiadania czegoś i bycia podziwianym nie do końca go satysfakcjonuje, szczególnie w przypadku Madame de Rênal. Nie może powstrzymać się od chęci odczuwania radości z czułości. Pod koniec swojej egzystencji odkrywa prawdziwy sens życia.

- Szczerość. Julien nie jest naturalnie dobry w ukrywaniu rzeczy. Jest wrażliwy i (dlatego) łatwo go urazić, niezdarny, lekkomyślny, roztargniony i podekscytowany. Nie jest dobry w kierowaniu swoją agresywnością. Dlatego musi czerpać inspirację z wytycznych Tartuffe'a. Nawet w domu Valenodów daje upust swoim emocjom, a w seminarium jest wytykany za niezdolność do przebiegłości. Próba zabójstwa Madame de Rênal jest dobrym przykładem impulsywności kochanka. Nawet podczas procesu woli wygłosić rewolucyjną tyradę niż ostrożną mowę, która uratowałaby go przed ścięciem. Ambicja Juliena nie może ukryć tego, kim jest; nie jest żadnym Rastignac'em!

SZYBKI I NATURALNY STYL PISANIA

Stendhal pisze szybko, używając słów, które przychodzą mu do głowy. W liście napisanym do swojej siostry, Pauliny, wyjaśnia, że tempo, w jakim pisze, zapewnia tekstowi prostotę, płynność i przejrzystość. Ten styl pisania wpływa zarówno na treść, jak i na strukturę powieści:

- Dzięki temu treść wydaje się wiarygodna. Stendhal widział *"Czerwone i czarne"* jako kronikę, w której wydarzenia następują jedno po drugim bez przerwy. Nie planuje z góry szczegółów każdego rozdziału, a niedopatrzenia koryguje po drodze. Na przykład, aby wyjaśnić nagłą znajomość Juliena z markizem, autor wyjaśnia później: "czytelnik może być zaskoczony tym swobodnym i niemal przyjacielskim tonem, ale zapomnieliśmy wspomnieć, że od sześciu tygodni markiz był zamknięty w domu z powodu ataku podagry" (część 2, rozdział 7). Przykuty do łóżka markiz de le Mole nie miał nic lepszego do roboty niż konwersacja ze swoim sekretarzem. Paradoksalnie, takie podejście nadaje narratorowi naturalny styl; nie dostrzegamy ukrytego planowania, które jest niemal zbyt dobrze ułożone, inaczej niż u Balzaka, Zoli czy Prousta;

- Jeśli wpływa na opis scenerii: długie sceny są rzadkością w tej historii. Oczywiście Stendhal zdaje sobie sprawę z konieczności przedstawienia materialnych realiów epoki, ale *Czerwone i czarne* nie jest powieścią historyczną; czytelnik jest współczesny wydarzeniom. Dzięki temu Stendhal może skupić się na akcji;

- Inny jest także opis postaci, gdyż narrator nie przedstawia ich od razu, w przeciwieństwie do trzech wymienionych wyżej pisarzy, którzy opisują wszystkie cechy bohaterów, zanim pojawią się w danej scenie. Stendhal, który dąży do znalezienia naturalnego rytmu, nie może sobie pozwolić na przerwanie akcji, by wymienić i opisać bohaterów;

- Wpływ na to ma również składnia:

- Interpunkcja: Stendhal rzadko przerywa płynność zdania. Przecinek z łatwością zastępuje wszystkie inne znaki interpunkcyjne; średniki, nawiasy, a nawet pełne kropki. Usuwa również znaki mowy dla myśli i dialogu (bez użycia myślników). Natomiast dwukropek jest używany, aby pomóc nam w pełni doświadczyć każdej sceny. ,Wszystko, co mógł zobaczyć w Madame de Rênal, to bogata kobieta: pozwolił, by jej ręka opadła, pogardliwie, i odszedł' (część 1, rozdział 9).

- Łączniki: podobnie, w tekście użyto niewiele łączników. Związek przyczynowy, który łączy dwa zdania, można zrozumieć bez nich. Dlatego nie ma potrzeby uciekania się do tradycyjnych słów takich jak "dlatego", "w rzeczywistości" czy nawet "dlatego".

- Formy czasowników: autor preferuje czasowniki w formie czynnej. Usuwa wszelkie imiesłowy teraźniejsze i wszystko, co zakłóca przepływ słów.

- Wreszcie, ten styl pisania powoduje pewną nieostrożność, której sam Stendhal później żałuje. Pisanie szybko jest dobre, pisanie zbyt szybko jest ryzykowne. W swoim pośpiechu autor skutecznie spartaczył niektóre fragmenty.

- Używa kilku klisz, choć nie znosi retoryki: "ten uśmiech okazał się fatalnie świetlany" (cz. 1, rozdz. 1), "rozpływając się we łzach" (cz. 1, rozdz. 9), "zaślepiony gniewem" (cz. 1, rozdz. 21), "okrutna konieczność, żelazną ręką zmusiła Juliena do nagięcia swojej woli" (cz. 1, rozdz. 23), "nogi się pod nim uginały" (cz. 1, rozdz. 25), "czarna owca" (cz. 1, rozdz. 27) itp.

- Możemy też znaleźć pewne powtórzenia wynikające z nie-uwagi. Na przykład ten sam fragment szekspirowski jest użyty jako epigramat do dwóch rozdziałów. Jest tam również napisane, że "Julien czuł się upokorzony", a następnie, że znosił "upokarzające milczenie" (część 1, rozdział 7). Ponadto w jednym akapicie czytamy "jego oczy patrzyły, ale nie widziały", a następnie "patrzył nie widząc" (część 1, rozdział 28). Te błędy nie psują jednak naturalnego, szczerego i swojskiego stylu pisania.

DALSZA REFLEKSJA

KILKA PYTAŃ DO PRZEMYŚLENIA...

- Powieść podzielona jest na dwie części. Czym się różnią, a co je łączy?

- Kiedy Julien używa drabiny? Porównaj te epizody.

- W rozdziale 19 drugiej części Stendhal zamiast wyjaśnić, co się stało, używa elipsy: Twoim zdaniem, dlaczego to robi?

- *Czerwone i czarne* zawiera niewiele konkretnych odniesień historycznych. Jak myślisz, dlaczego tak jest?

- Stendhal wielokrotnie umieszcza pewne słowa kursywą lub w cudzysłowie. Dlaczego tak się dzieje? Poprzyj swoją myśl przykładami z tekstu.

- Poprzez wątek fabuły i uroczyste wystąpienie Juliena w sądzie, do jakich wydarzeń historycznych nawiązuje Stendhal?

- Czy gdybyś był ławnikiem, skazałbyś Juliena Sorela na śmierć? Wyjaśnij swoje stanowisko.

- Jakie podobieństwa występują między *Czerwonym i Czarnym* a *Domem warmińskim,* inną wielką powieścią Stendhala (fabuła, postrzeganie kobiet, charakterystyka bohatera itp.)?

- Jakie podobieństwa można znaleźć między *Czerwonym i Czarnym* a *Madame Bovary* Flauberta? Ponadto, w jaki sposób powieść Stendhala różni się od *Księżnej de Clèves* Madame de la Fayette i *Nowej Heloizy* Rousseau?

DALSZE CZYTANIE

WYDANIE REFERENCYJNE

Stendhal (2004) *Czerwone i czarne.* Trans. Raffel, B. New York: Modern Library Classics.

BADANIA REFERENCYJNE

Beaumarchais, J.-P. i Couty, D., eds. (2001) *Dictionnaire des grandes œuvres de la littérature française.* Paris: Larousse-VUEF.

Dantzig, C. (2005) *Dictionnaire égoïste de la littérature française.* Paris: Grasset.

Claudon, F. (1998) Stendhal. w J.-C. Polet, ed., *Patrimoine littéraire européen. 10. Gestation du romantisme.* Brussels: De Boeck Université.

Klein, C. i Lidsky, P. (1971) *Le Rouge et le Noir. Stendhal.* Paris: Hatier.

Chcemy usłyszeć od Ciebie, co się dzieje!
Zostaw komentarz na temat swojej internetowej biblioteki
i podziel się swoimi ulubionymi książkami w mediach społecznościowych!

Wydawca zapewnia o wiarygodności publikowanych informacji,
co jednak nie może wiązać się z jego odpowiedzialnością.

www.50minutes.com

Master ISBN: 9782808693769
Papierowy ISBN: 9782808615167
Depozyt prawny: D/2023/12603/1796

Verhaal: © Primento

Projekt cyfrowy: Primento, cyfrowy partner wydawców.